O LÁPIS LUIZ
EM BUSCA DO CONHECIMENTO

ANDREICO SOUZA
IRINEU LOPES

Andreico Souza
Irineu Lopes

O LÁPIS LUIZ

EM BUSCA DO CONHECIMENTO

Capa e Ilustração
Irineu Lopes

Contato:
Email: olapisluiz@gmail.com

1ª Edição

Belo Horizonte
2018

ERA UMA VEZ UM LÁPIS CHAMADO LUIZ
QUE NASCEU EM UMA LINDA FLORESTA.
ELE ERA UM LÁPIS TRISTE E SOLITÁRIO.
ELE NÃO SABIA DO SEU PRÓPRIO VALOR.

UM DIA ELE CONHECEU UM AMIGO
CHAMADO CARLINHOS, O CADERNO.
CARLINHOS O CONVIDOU PARA
TRABALHAREM JUNTOS.

CARLINHOS EMPRESTAVA SUAS FOLHAS E LUIZ
COMEÇOU A ESCREVER, MAS SUA ESCRITA
NÃO FICAVA BOA, COMETIA MUITOS ERROS
ORTOGRÁFICOS. AOS POUCOSELE FOI MELHORANDO,
SE ESFORÇAVA MUITO PARA FAZER UMA LETRA
MELHOR E ESCREVER AS PALAVRAS
DE FORMA CORRETA. CARLINHOS SEMPRE LHE
EMPRESTAVA UMA OUTRA FOLHA E O ANIMAVA
PARA CONTINUAR A ESCREVER, ELE DIZIA:

CONTINUE LUIZ, SOMOS NÓS QUE
ESCREVEMOS NOSSA PRÓPRIA HISTÓRIA.

CARLINHOS CHAMOU LUIZ PARA IR À ESCOLA, LÁ ELE
PODERIA CONHECER NOVOS AMIGOS, E TER MUITO
MAIS CONHECIMENTO. NO PRIMEIRO DIA DE AULA
COM A PROFESSORA CLÁUDIA, A CANETA, LUIZ
APRENDEU AS CINCO PALAVRAS MÁGICAS, E QUIS
ESCREVÊ-LAS PARA PRATICAR:

POR FAVOR, COM LICENÇA, MUITO OBRIGADO,
ME DESCULPE, SINTO MUITO.

ALÉM DAS PALAVRAS MÁGICAS ELE TAMBÉM DESCOBRIU QUE
HAVIA PALAVRAS QUE TRAZIAM MAIS CORES À VIDA:

BOM DIA, BOA TARDE, BOA NOITE, TENHA UMA BOA SEMANA!

LUIZ IA SEMPRE À ESCOLA E ESTAVA MUITO FELIZ,
POIS APRENDIA COISAS NOVAS E DIVERTIDAS,
MAS ELE CONTINUAVA ERRANDO MUITO.

UM DIA UMA COLEGUINHA CHAMADA BETA BORRACHA
LHE ENSINOU A UTILIZAR O QUE ELA CONHECIA
DE MELHOR, A BORRACHA. ELA DIZIA:

NA VIDA COMETEMOS MUITOS ERROS,
MAS É NECESSÁRIO ADMITI-LOS,
NÃO REPETI-LOS E CRESCER COM ELES.

ENTÃO LUIZ APRENDEU COM BETA UMA LIÇÃO

MUITO IMPORTANTEE ELE QUIS

ESCREVER ISSO PARA NÃO ESQUECER:

NÓS ERRAMOS MUITAS VEZES,

MAS SEMPRE DEVEMOS BUSCAR MELHORAR.

LUIZ APRENDEU NA ESCOLA QUE ELE NÃO
ESTÁ SOZINHO, QUE ELE PODE
ESCREVER SUA PRÓPRIA
HISTÓRIA E, MESMO SE ERRASSE,
PODERIA RECOMEÇAR.

ELE CONHECEU OUTROS COLEGAS, LÁPIS
COMO ELE QUE AO INVÉS DE
SEREM CINZA GRAFITE ERAM:
AZUL, AMARELO, BRANCO,
ALARANJADO, ROSA, VERMELHO, VERDE.
HAVIAM COLEGAS LÁPIS DE
TODAS AS CORES.

ELES ÀS VEZES BRIGAVAM E SE OFENDIAM.

A PROFESSORA DELES,

A SENHORA CLÁUDIA CANETA,

LHES ENSINAVA QUE

DEVIAM RESPEITAR UNS AOS OUTROS.

ELA DIZIA E AS CRIANÇAS ESCREVIAM:

OS DEDOS DAS MÃOS SÃO DIFERENTES,

NÓS TAMBÉM SOMOS DIFERENTES,

MAS TODOS SOMOS IMPORTANTES.

É BOM SER DIFERENTE.

POR ISSO TEMOS QUE RESPEITAR A TODOS.

LUIZ FICOU MUITO FELIZ AQUELE DIA,
POIS NÃO GOSTAVA DE SER CINZA GRAFITE,
ELE QUERIA SER MAIS "COLORIDO". APRENDEU
TAMBÉM QUE É IMPORTANTE SER DIFERENTE
E QUE CADA PESSOA TEM SEU VALOR E DEVE
SER RESPEITADA SEMPRE E QUE JUNTOS
FAZIAM A ESCOLA SER MAIS BONITA.

LUIZ TAMBEM PERCEBEU QUE NUNCA

ESTEVE SOZINHO,

AO SEU REDOR HAVIAM

COLEGAS, PROFESSORES,

PAIS E A PRÓPRIA NATUREZA,

COM SUA IMENSA BELEZA.

LUIZ APRENDEU QUE ESCREVER É MARAVILHOSO.

ELE PODERIA TIRAR TODAS AS IDEIAS DE SUA CABEÇA,

USAR SUA IMAGINAÇÃO E COLOCÁ-LAS NUM PAPEL.

ELE PODERIA DESENHAR E ESCREVER COISAS SEM FIM.

FOI ISSO QUE O DIRETOR

LAURO LIVRO OS HAVIA ENSINADO:

LIVROS SÃO IDEIAS QUE VIRARAM PALAVRAS

E QUE SE TORNAM VIVAS NA MENTE DE QUEM LÊ.

LUIZ ENTENDEU QUE AINDA TINHA MUITO
O QUE APRENDER E QUE SEMPRE HÁ ALGO
PARA LER E TODO UM UNIVERSO
DE CONHECIMENTO DENTRO DOS LIVROS.
LUÍS SE SENTIU ESPERANÇOSO E ESCREVEU:

EU QUERO SEMPRE ESCREVER MAIS E APRENDER MAIS

PARA SABER MAIS E SER MAIS.

LUIZ SAIU AQUELE FINAL DE TARDE CONVIDANDO
SEUS NOVOS AMIGOS PARA FAZER UMA VIAGEM
AO MUNDO DO APRENDIZADO. ELE DIZIA:

*VAMOS PARA UM LUGAR REPLETO DE POSSIBILIDADES,
LÁ PODEREMS APRENDER MUITAS COISAS DIFERENTES!*

TODOS RESOLVERAM EMBARCAR FELIZES
NESSA AVENTURA, E MONTARAM
UM LINDO KIT ESCOLAR.
PERCEBERAM QUE JUNTOS PODERIAM
TRANSFORAR O MUNDO ATRAVÉS
DO CONHECIMENTO.
MAS PARA FAZER ISSO LUIZ PENSOU,
PRECISAMOS TRABALHAR EM PARCERIA:

PRECISAMOS ENSINAR AS CRIANÇAS A GOSTAREM
DE NÓS. ASSIM, ELAS NÃO IRÃO NOS AMASSAR,
NOS QUEBRAR OU NOS DEIXAR JOGADOS POR AÍ.

QUEREMOS QUE ELAS NOS UTILIZEM PARA
ADQUIRIREM CONHECIMENTO. LUIZ FOI DORMIR
AQUELA NOITE COM A SENSAÇÃO DE DEVER
CUMPRIDO E QUE MUITAS OUTRAS AVENTURAS
LHE AGUARDAVAM AINDA.

4 - ATIVIDADES PARA SEREM FEITAS, APÓS A LEITURA DO LIVRO.

A) CRUZADINHA

PREENCHA OS QUADRINHOS COM AS PALAVRAS CORRETAS:

1 - AMIZADE	7 - CONHECIMENTO	12 - LEITURA
2 - AMOR	8 - DIVERSIDADE	13 - NATUREZA
3 - BETA	9 - ESCOLA	14 - PAZ
4 - BORRACHA	10 - FAMÍLIA	15 - PROFESSOR
5 - CADERNOS	11 - LÁPIS LUIZ	16 - RESPEITO
6 - CLÁUDIA		

F - CONFECÇÃO DOS ENFEITES PARA O LÁPIS.

. PARA REALIZAÇÃO DOS ENFEITES SERÁ NECESSÁRIO OS SEGUINTES MATERIAIS:

- E.V.A DE CORES VARIADAS
- FITA DUPLA FACE OU COLA QUENTE
- TESOURA

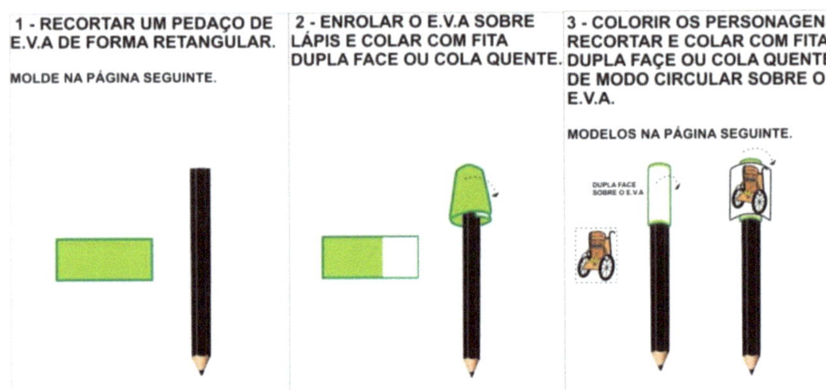

1 - RECORTAR UM PEDAÇO DE E.V.A DE FORMA RETANGULAR.

MOLDE NA PÁGINA SEGUINTE.

2 - ENROLAR O E.V.A SOBRE LÁPIS E COLAR COM FITA DUPLA FACE OU COLA QUENTE.

3 - COLORIR OS PERSONAGENS, RECORTAR E COLAR COM FITA DUPLA FAÇE OU COLA QUENTE, DE MODO CIRCULAR SOBRE O E.V.A.

MODELOS NA PÁGINA SEGUINTE.

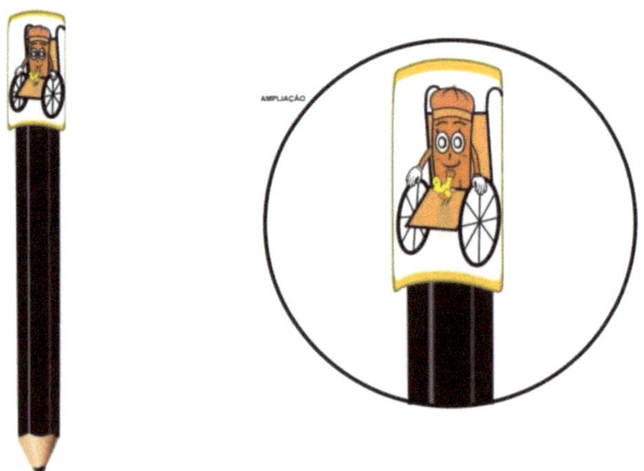